행복하고
행복하고
행복하라

행복하고 행복하고 행복하라

བདེ་བ་དང་བདེ་བའི་རྒྱུ་དང་ལྡན་པར་གྱུར་ཅིག

사진 **이영자**

달라이 라마, 영혼을 깨우다!

D a l a i　L a m a

운주사

서문

우리 티벳인들이 1959년 고향을 떠나 망명하여 이곳에 도착했을 때, 우리의 주요한 관심 중 하나는 현재 티벳에서 파괴에 직면해 있는 우리의 풍부한 종교유산과 문화유산들을 보존하는 것이었습니다. 55년여의 시간이 흐른 오늘날 우리의 관심은, 우리가 망명 중 건립한 재활 정착지, 학교, 승려 교육 기관 등에서 티벳 문화유산의 보존에 들인 우리의 노력이 어느 정도 성공적이고 만족스러운가에 있습니다.

티벳 문화는 평화와 비폭력의 문화입니다. 이것은 이영자 씨가 찍은 사진에 다양하게 묘사되어 있습니다. 그녀는 또한 제가 여러 번 방문했던 힌두교의 중요한 종교축제인 쿰브 멜라Kumbh Mela의 사진도 함께 실었습니다. 다른 종교 전통들 사이에서 조화를 이루는 것을 저의 역할의 한 부분으로 생각하기 때문에, 저는 언제든지 다른 종교의 신성한 장소를 순례하고 그들의 기도에 동참하려고 노력합니다.

저는 이 소박한 사진집이 망명지에서의 티벳 종교와 문화를 더 잘 이해시킬 수 있으리라 확신합니다. 사진작가 이영자 씨의 관심과 헌신에 감사드립니다.

2015년 1월 30일
달라이 라마

행복하고
행복하고
행복하라

제게 종교는 단순합니다.
그것은 바로 친절입니다.

인간에게는 성스럽고 귀한 보석 같은 착한 마음이 있습니다. 이 착한 마음은 병원에서 치료받아서 만들 수도 없고, 시장에서 살 수도 없고, 다른 사람에게 도둑을 맞을까봐 걱정할 필요도 없습니다.

"참된 행복은 타인을 위한 사랑과 자비의 실천을 통해 이기심과 탐욕을 제거했을 때 달성되는 평화와 만족에서 옵니다."

욕망은 대상이 있을 때 존재합니다.
고요 속에는 평화만이 머무릅니다.

" 다른 사람의 마음을 바꾸는 방편은, 분노가 아니
라 애정입니다. "

　　시기와 질투는 타인의 진실한 모습을 알지
못하게 하고, 오만과 거드름은 나의 본성을
알지 못하게 합니다.

우리는 완벽한 자원인 '나', 그 자체를 온전히 쓰지 못합니다. 자신을 위한 행위는 넘쳐나지만, 타인을 위해 자신을 사용하는 행위는 절대적으로 부족합니다. '나'를 사용하기 시작하면 내게는 이미 많은 것이 충만하다는 것을 알 수 있습니다.

욕심의 반대는 무욕이 아닌,
잠시 내게 머무름에 대한 만족입니다.

" 종교의 본질에는 사원도, 가르침도 필요 없습니
다. 당신의 생각과 마음이 곧 사원이요, 당신의
선행이 곧 가르침입니다. "

종교의 가르침은
이미 내면에 내재된 단순한 사실을
체험하고 체득하는 것입니다.

기도하십시오.
헤아릴 수 없이 많은 힘이
거기에 있습니다.

"선한 마음을 가지십시오. 정직하십시오. 긍정적으로 생각하십시오. 우리에게 죄 지은 사람들을 용서하십시오. 모든 사람을 친구처럼 대하십시오. 고통 받는 사람을 도와주십시오. 그리고 다른 사람보다 우월하다고 생각하지 마십시오."

이 충고가 무척이나 간단한 것이라고 생각되겠지만 이 충고대로 살아갈 때 우리가 한결 행복해질 수 있는지 확인해 보고 싶지 않습니까?

" 우리는 자기 자신은 너그러운 눈으로 바라봅니다. 좋지 못한 일이 일어나면 언제나 다른 사람 탓으로, 혹은 운명 탓으로 돌립니다. 귀신에게 이유를 돌리고 신을 원망하기도 합니다. 부처는 자기 속으로 파고 들라고 가르쳤건만, 우리는 그렇게 하지 않으려고 버둥댑니다. "

인연의 상실에 슬퍼하지 마십시오.
누군가를 가슴 깊이 묻어 두고 사는 것도
감사한 일입니다.

남을 돕는다고 하면 보통 자신을 희생해야
한다고 생각하지만, 그렇지 않습니다. 남을
도울 때 가장 덕을 보는 것은 자기 자신이고,
최고의 행복을 얻는 것도 자기 자신입니다.
그러므로 행복한 삶으로 가는 최선의 길은
남을 돕는 것입니다.

" 가슴을 따르지 않고, 생각하는 습관이 나를 자유롭게 만들지 못합니다. "

우리는 늘 좋은 것을 추구하고, 새로운 것을 추구
합니다. 때문에 가지고 있는 낡은 것의 소중함을
잊어갑니다. 부족함을 두려워합니다. 모자람을
부끄러워합니다. 때문에 가지고 있는 것의 소중
함을 잃어갑니다.

"우리가 두려워하는 타인의 눈이란, 내 욕망의 시선입니다."

" 만남을 지속하기 위한 약속을 만드는 것은 좋지
않습니다. 그것은 의무적인 만남이 되어버리기
때문입니다. 우연한 만남이 더욱 반가운 것은 그
어떠한 것도 의도하지 않았기 때문입니다. "

진리를 끝없이 탐구하고 추구하면,
그것은 언어를 초월하는
의식으로 찾아올 것입니다.

" 신중한 마음으로, 간절한 바람으로, 숭고한 희생
으로 만날 사람이 아니라면 연을 맺지 않는 것이
옳습니다. 그러나 이미 그들과 인연이 닿았다면
사랑과 격려, 그리고 배려를 다해야 합니다. "

"돌지 않아도 될 길을 잘못 들어서 돌아온 시간만큼, 그 길에 놓인 수많은 양떼와 나무, 풀과 언덕을 가슴에 담을 수 있습니다. 삶에 낭비된 시간이란 없습니다."

"'생활'이 '삶'보다 우선이 된 순간부터 우리는 고통에 시달립니다. '생활' 없는 삶은 가능하나, '삶' 없는 생활은 없습니다. 생활하기 위해선 돈이 필요하지만, 삶은 돈으로는 가치가 정해지지 않습니다."

내가 누군가에게 계속하여 충고를 반복한다면,
그것은 나에게 내재된 문제에 대한
스스로의 지적이라고 생각해야 합니다.

내면이 아름다워도 표현이 아름답지 못한다면
그것은 추할 수 있습니다. 때문에 우리는 몸의
행위와 말과 뜻의 조화를 이루어야 합니다.

"기본적인 것을 우선 행하여야 합니다. 친절과 자비는 특별하게 갖춰야 할 소양이 아닌, 매우 당연한 일입니다."

" 실천하지 않는다면 수많은 가르침이 무슨 의미
가 있으며, 베풀지 않는다면 이 몸이 있다 한들
무슨 필요가 있겠습니까? "

" 습관을 기르는 것은 매우 중요합니다. 의식적 행동을 무의식적 행위로 변화시켜 주기 때문입니다. 좋지 않은 습을 떼어내는 것에 우리는 노력을 하지만, 사실 습관은 떼어내는 것보다 기르는 것이 더욱 쉽습니다. 한 가지 안 좋은 습관이 있다면, 열 가지 좋은 습관을 만드십시오. 그러다보면 자연스럽게 좋지 않은 습관은 사라집니다. "

" 당신이 행복하지 않다면 집과 돈, 그리고 이름
이 무슨 의미가 있겠습니까? 그리고 당신이 이
미 행복하다면 그것들이 또한 무슨 의미가 있겠
습니까. "

“욕구 혹은 욕망이 없는 사람은 모든 것에서 자유롭습니다. 그 사람을 구속할 수 있는 어떤 유혹도 만들어 내지 못하기 때문입니다.”

스스로 나약하다고 생각하지 말아야 합니다. 우리의 몸과 마음을 학대해서는 그 어느 것도 해결되지 않기 때문입니다. 본성이 지니고 있는 영혼과 영성의 견실함을 믿어야 합니다.

때로는 살아가는 것의 의미를 찾기 위해 고민하고
방황하는 사람들이 있습니다. 때문에 특정한 어떤
것에 의존하며 그것을 맹신하기도 합니다. 삶은
포장하여 아름답게 만드는 것이 아닙니다. 살아간
다는 것, 인생의 경험을 통해 하나씩 깨달아 가는
것, 삶의 목적이란 바로 '살아감' 그 자체입니다.

66 현재에 맞는 삶을 추구하면 고될 것이 없습니다. 갖고 싶은 것이 있을 때는 꼭 스스로에게 되물어 보십시오. '반드시 필요한 것인가, 영원할 것인가?' 99

타인에게 상처를 받았다고 보복하지 마십시오.
불친절을 친절로 돌려줄 때 그의 불친절을 스스
로에게 보여 줄 수 있습니다. 이것이 보다 나은
세상을 만듭니다.

목적하지 않고, 의미를 두지 않고, 해야 할 일이
없던 어린 시절이 행복했던 이유는, 그것이 생명
의 본질이기 때문입니다.

각각의 개인에게는 저마다 최소와 최대가 존재합
니다. 아무리 적어도 그 이하로 내려가지 아니하
고, 아무리 많이 갖고자 해도 그 이상을 가질 수는
없습니다. 비교에 의한 차이는 불평등이 아닙니
다. 그것은 개개인에게 필요한 만큼 주어지기 때
문입니다. 최소를 안다면 두려울 것이 없고, 최대
를 안다면 마음의 갈증이 없을 것입니다.

'하심下心'한다는 것은 내가 대상보다 낮은 위
치에 서는 것이 아닌, 대상과 내가 높고 낮음
이 없는 평등을 이해하는 것입니다.

때로는 생활의 작은 습관의 변화 하나가 온몸을 휘감아 치듯 큰 무언가를 느끼게 합니다. 아주 작은 습관에 불과한 그 어떤 것들이 말이지요.

"누군가를 쓰다듬을 때, 그 손은 동시에 상대의 온
기를 느낍니다. 약자가 강자에게, 보호대상자가
보호자에게 주는 선물입니다. 우리는 온정을 베
풂과 함께 동시에 온정을 받습니다."

" 어느 곳이든 머무름에 있어서 누구나 지겨워지고 타성에 젖어버리고는 합니다. 그럴 때면 늘 놓치고 있는, 지금 이 순간의 감사함을 생각하십시오. 그러한 감사함이 진심으로 발현될 때, 머무는 곳이 곧 여행지고, 머무는 자가 곧 여행자로서 늘 가슴 뛰는 삶을 살아 갈 수 있습니다. "

관계에 힘이 드는 것은 개개인의 친밀함의 속도와 만남의 방식이 다르기 때문입니다. 이러한 부분을 지혜롭게 관찰하며 관계를 원만하게 유지하는 것에는 관심과 배려가 필요합니다.

❝ 떠난 뒤 슬퍼하며 오열하면 무슨 소용이 있겠습
니까? 곁에 있을 때, 그 존귀함을 알고 서로 가슴
을 더 열어야 합니다. ❞

사람을 알기 전에 대상의 이미지가 만들어지면 개선하기 어려운 관계가 형성됩니다. '대상을 파악했다'라는 것은 결국 자신의 분별 아상我相일 뿐입니다. 그러나 우리는 모두 아무런 상도 갖지 않은 지고의 존재입니다.

현대인은 어려서부터 생각하는 훈련을 받으며
삽니다. 가난을 두려워하고, 휴식을 게으름으로
생각하며, 사회적으로 인정받지 못함을 실패로
배웁니다. 실재하지 않는 미래에 대한 불안감에,
오늘을 살지 못하게 합니다.

자신의 이익과 지위를 유지하기 위해서만 자기
계발에 힘쓴다면, 삶의 위대한 목적을 잃어버린
것입니다. 우리가 더불어 사는 사람들을 위해 봉
사와 헌신을 아끼지 않을 때, 삶의 진정한 의미를
찾을 수 있습니다.

자비심은 평등하여야 합니다.
당신과 마찬가지로 타인
또한 행복할 권리가 있기 때문입니다.

66 마음이 훈련되어 있지 않을 때, 마음의 평화와 평
온함은 당신이 갖고 있는 부정적인 생각과 감정
에 쉽게 무너질 것입니다. 99

매일 아침 일어나 생각합니다. '오늘도 다행히 살아있으므로 하루를 살아갑니다. 이 삶을 감사하며, 이 소중함을 낭비하지 않겠습니다. 나의 수행을 위해 온 힘을 쏟아 자비로운 하루를 살겠습니다. 만물을 위해 깨어 있을 것이며, 따뜻함으로 타인을 대하고, 분노와 악행을 삼가하여 다른 이들을 위한 삶을 살겠나이다.'

세계평화를 위해서는 내면의 평화가 따라와야
합니다. 평화는 단지 폭력의 부재가 아닌, 자
비심이 현현되는 것이라 생각합니다.

상대를 '그들'이 아닌 '우리'로 바라보는 마음
을 기르면, 타인을 착취하거나 기만하는 행위
는 사라질 것입니다.

누군가는 돈을 벌기 위해 건강까지 기꺼이 희생합니다. 그런데 나중에는 그렇게 번 돈으로 망가진 건강을 회복하려 애를 씁니다. 더군다나 오지 않은 미래를 걱정하느라 현재를 즐기지 못해서 현재도 미래도 살지 못합니다. 그들은 영원히 죽지 않을 것처럼 살다가 하루도 살아보지 못하고 죽어갑니다.

우리가 선행을 베풀며 자비를 행하는 것은 일종
의 수행입니다. 그것이 직접적 깨달음을 주는 것
은 아니지만, 행위와 언행 그리고 의식을 정화함
으로써 신, 구, 의의 바른 습관을 들여 부처와 합
일하는 과정을 거치는 것입니다.

타인의 행복을 바란다면 자비심을 기르십시오. 만약 스스로가 행복해지기를 바란다면, 또한 자비심을 기르십시오.

타인에 대한 자비심을 잃어서는 안 됩니다. 설령 그 대상이 극악무도한 사람이라도 그 마음을 잃어서는 안 됩니다. 자비심을 잃고 대상을 증오한다면, 결국 계속되는 분노의 굴레에서 끝없이 고통 받을 뿐입니다.

스스로가 붓다임을, 자신의 말이 만트라(Mantra, 진언)임을, 본인의 마음이 법신임을 잊어서는 안됩니다. 이러한 망각이 우리를 무지로 몰아넣고, 이러한 무지가 지혜의 등불을 꺼뜨립니다.

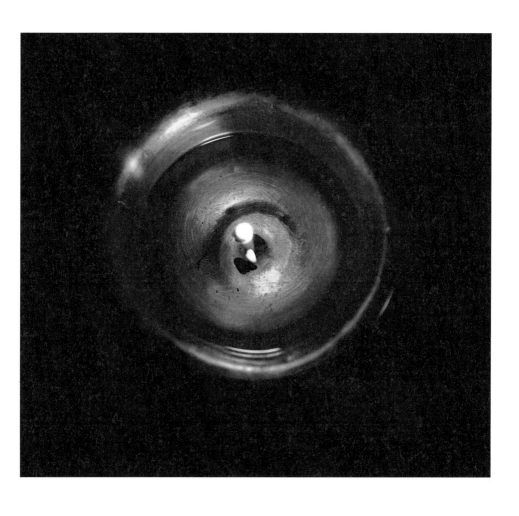

원하건 원하지 않건 우리는 서로 연결되어 있습니다. 때문에 나 혼자만 따로 행복해지는 것은 생각할 수도 없습니다. 공생과 공존은 우리가 추구할 것이 아닌, 사실로 내재되어 있다는 것을 자각하여야 합니다.

"행복이란 이미 만들어진 무언가가 아닙니다. 행복은 자신의 행동으로부터 나오기 때문입니다. 단순하기 그지없는 이 사실을 잊을 때, 비로소 우리는 불행이라는 단어를 발견합니다."

만일 나를 고통스럽게 만들고 상처를 준 사람에
게 미움과 나쁜 감정을 키워 나가면 내 마음의 평
화만 깨질 뿐입니다. 하지만 내가 그를 용서한다
면, 내 마음은 즉시 평화를 되찾을 것입니다. 용
서해야만 진정으로 행복할 수 있습니다.

❝ 마음을 어지럽히는 생각과 전쟁을 벌이기 위해
서는, 단지 지혜를 키우고 현상의 궁극적인 본질
을 깨닫기만 하면 됩니다. ❞

“외적인 안정과 평화를 이뤘을지언정, 내면의 평화와 고요 없이는 지복至福을 찾을 수 없습니다. „

외적인 안정과 평화를 이뤘을지언정, 내면의 평화와 고요 없이는 지복至福을 찾을 수 없습니다.

타인으로부터 받은 고통이라 생각했던 괴로움의 실체는 내 안에서 발생한 욕구에 의한 것입니다. 이 근원지를 찾아낸다면 거짓말처럼 괴로움과 증오, 질투 등의 모든 부정적 감정이 사라지게 됩니다.

자기중심적 사고를 통해 왜곡된 자아의 확립이 아
닌, '우리'라는 조화가 비로소 완전한 '나'를 만들
어 줄 수 있습니다. '나'란 결국 타인이 만든 생각
과 관념의 투영이기에 동행자의 됨됨이와 성숙도
가 '나'를 형성시킵니다. 그렇기에 만남의 대상이
중요합니다.

" 신은 추종도, 복종도, 그리고 믿음도 강요하지 않
습니다. 신은 오로지 사랑과 자유를 부여할 뿐입
니다. "

다수와 다른 내용을 가진 믿음이라고, 그 믿음이 비판받아야 할 이유는 없습니다. 마찬가지로 다수의 삶과 다른 삶이라 해도, 그것이 특별한 삶이 되는 것이 아닙니다. 모든 개체가 특별하기에 더 이상의 '특별'은 존재하지 않습니다. 우리는 모두 평등한 지고의 존재입니다.

침묵은 말이 없음이 아닙니다. 마음의 평화 없
는 침묵은 그 어떤 소음보다도 더한 굉음입니
다. 반면, 큰 소리를 내도 진실의 소리를 퍼뜨린
다면 그것은 침묵과도 같습니다.

사람을 곁에 두려는 이유는 이해받고자 하는 갈
증을 해소하기 위함입니다. 서로가 마음을 안아
준다면 그 관계는 마르지 않는 샘을 만들어 줄
것입니다.

"나를 서 있게 하는 대지에 감사합니다. 나를 유지해 주는 모든 음식에 감사합니다. 나를 존재도록 하는 곁의 모든 이들에게 감사합니다. 감사합니다, 감사합니다, 그리고 감사합니다."

깨달음을 구하고자 손을 뻗지 마십시오. 그것을 쫓지 마십시오. 그대로 앉아 얻고자 하는 깨달음을 순수하게 바라보면, 어느 순간 우리는 깨달음 그 자체가 되어 앉아 있는 자신을 바라볼 것입니다.

도구는 올바른 사용방법을 따라야 유용하게 오래 사용할 수 있듯이, 마음 역시 몸을 통해 올바르게 사용하여 마음과 행위의 순수성을 유지하여야 합니다.

나를 전달하기 위해 너무 많은 말을 하지 마십시오. 자신의 의미와 본질과는 다르게, 언어로서 당신을 판단하게 된다는 사실을 잊지 마십시오. 우리의 본질은 언어로 형용할 수 없습니다.

비움이란 거액을 기부하고, 물욕을 버리고, 행복의 기준을 낮추라는 말이 아닙니다. 단지 '나'를 소유하려 하지 않는다면, 이러한 것은 아주 자연스럽게 이뤄집니다.

누군가가 내 부탁을 받아들여준다면 감사한
일이며, 설령 부탁을 거절당했다 하여도 그것
은 평범한 일입니다.

> 타인에 대한 사랑과 자비는 궁극적으로 자아의 이면에 있는 부정적인 것을 사랑하기 위한 연습과도 같습니다. 우리는 이 과정을 통해 내면의 부정적 사고와 혼란을 정화해 나갈 수 있습니다.

＂ 당신은 이미 좋은 사람입니다. 당신의 솔직함, 당신의 따스함, 당신의 용기, 그리고 인내와 믿음, 당신은 이미 모든 것을 지닌 좋은 사람입니다. ＂

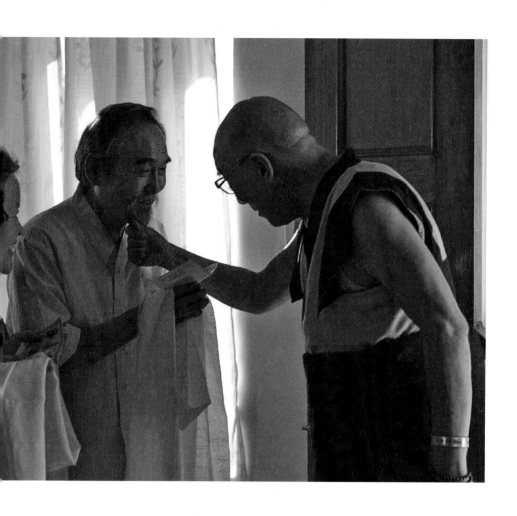

"아름다운 외모의 젊음은 나이가 들면 시들어지지만, 미성숙한 내면은 자각을 통해 얼마든지 만개할 수 있습니다. "

행복이란 기쁨과 환희를 느끼는 것이 아닌, 가장 보통의 상태, 즉 평화의 상태를 얘기합니다. 때문에 우리는 늘 행복에 머무르고 있습니다. 그러나 행복의 기준이라 말하는 잘못된 생각이 높은 이상을 좇게 하고, 이것이 자신이 불행하다고 여기게 되는 이유입니다.

틀리는 것에 대한 수치심이 사라지면, 모든 것이
자유롭습니다.

행위에 간절함과 진실이 담긴다면, 그것은 곧 바라는 결과로 나타납니다. 내가 원하는 결과가 실재하지 않는다면 그것은 내가 절실하게 진심으로 원하는 것이 아니었기 때문입니다. 욕망과 탐욕은 때때로 절실함을 가장하여 투영되는데, 이것을 지혜롭게 알아차려 실재하지 않는 고통으로부터 벗어나야 합니다.

한 가지 음식이 체내의 모든 영양소를 보충할 수
없듯이, 한 가지 종교가 모든 사람의 영적 성장에
도움이 되는 것은 아닙니다. 때문에 종교의 다양
성을 인정해야 하며, 여러 종교의 필요성을 인정
하여야 합니다.

" 지식이 아닌, 지혜에 의존하십시오. 지식은 시대
와 새로운 발견에 의해 언제나 변화하지만, 지혜
는 영원하기 때문입니다. "

“신앙생활은 사람을 겸손하게 만들어 줍니다. 절실한 신앙생활을 하는 사람은 존중이 몸에 배게 되고, 그것이 많은 사람들의 사랑과 존경을 따르게 합니다. 상호간의 존중은 겸손으로부터 시작됩니다.”

실재하지 않는 나를 진아眞我로 착각하며, 그것에
대한 탐구와 집착은 아무런 안정도 가져올 수 없
습니다. 때때로 본능적으로 허상임을 알고 있음에
도 그것에 집착하여 스스로의 존재성을 확인하려
합니다. 진아는 이러한 모든 허상이 사라졌을 때,
그제야 모든 것의 바탕으로서 드러납니다.

마음에 갈등이 생길 때는 가장 먼저 떠올랐던
선택을 하십시오. 그것이 본질이며, 이후의 생
각은 사념으로 발생하는 갈등입니다.

보통 부정적인 감정이 일어나면, 온통 그 감정이
되어 버립니다. 그러므로 강한 감정이 일어날 때
그 감정에서 자신을 분리시켜 보십시오. 그러면
감정을 지켜볼 수 있습니다. 그리고 나면 그 감정
의 결점을 보기가 훨씬 쉬워집니다. 거리를 두고
보면 감정의 강도가 약해집니다.

먼저 우리가 세상의 모습을 잘못 알고 있음을 알아차려야 합니다. 모든 존재와 현상은 다른 것들에 의존하지 않고 스스로 존재하는 것처럼 보이지만, 실제로는 이것이 있음으로 저것이 있다는 연기법으로 일어난다는 것을 이해해야 합니다. 그러므로 '존재하는 것은 고정불변한 실체가 없으며, 스스로 존재하지 않는다'는 확신이 깨달음을 얻는 첫걸음입니다.

입으로 말한다고 해서, 귀로 듣는다고 해서,
눈으로 읽는다고 해서 그것이 진정한 앎은 아
닙니다.

의사의 치료방법과 약은 환자의 질병에 따라, 혹
은 시대와 장소에 따라 다르지만, 이 모든 것들은
환자의 고통을 덜어 주려는 목적에서는 같습니다.
마찬가지로, 모든 종교의 가르침과 방법은 모든
중생들을 고통과 고통의 원인으로부터 구제하고
행복과 행복의 원인으로 이끌기 위한 목적을 가지
고 있습니다.

감정에 솔직하게 행위로 대답하십시오.
거짓된 행위는 결국 스스로의 진실을
오염시킵니다.

개인적인 욕구에 관련된 일에는 더 적게 관여하고, 더 적게 가지려 하며, 무엇이든지 더 적게 하려고 하십시오. 하지만 다른 사람을 위해 모인 공동체의 이익에 관해서는 가능하면 더 많이 관여하고, 더 많은 활동을 하십시오.

자비심 어린 동기에서 시작된 분노는 때로는
유익합니다. 분노는 강한 기운을 발동시키고,
신속하게 행동하도록 만들기 때문입니다.

인간의 능력은 누구에게 있어서나 똑 같습니다. '나는 쓸모없는 사람이다'라는 생각은 잘못된 것입니다. 절대로 잘못된 것입니다. 우리 모두에게는 생각하는 힘이 있습니다. 그렇다면 무엇이 부족합니까? 의지력이 있다면 무엇이든 할 수 있습니다.

　　잘못된 것을 바로잡지 않는 것은 방치입니다. 방
치가 이해로 통용 되어서는 이기적 사회가 될 뿐
입니다. 방치는 우리의 내적, 외적 질서를 바로
잡을 수 없는 게으름입니다.

❝공성의 지혜로서 모든 대상이 실체성이 없다는 것을 인식하게 되면, 번뇌의 마음을 일으키는 대상들 역시 실체가 없다는 진리를 보아 집착과 번뇌로부터 벗어날 수가 있습니다.❞

다른 사람의 행동이 당신 마음속의 평화를 깨뜨리게 하지 마십시오. 분노나 증오는 어부의 낚시바늘과 같습니다. 우리가 그것에 의해 잡히지 않도록 지키는 것이 매우 중요합니다.

나는 젊은 사람들이 자신들의 겉모습이 어떻게
보여질지 신경 쓰는 것에 대해 종종 놀려대곤
합니다. 더 중요한 것은 연민, 애정, 그리고 존
중과 같은 내면의 아름다움입니다.

호흡 수행은 더러운 천을 염색하기 위해 미리 깨끗하게 세탁하는 것과 같습니다. 깨끗이 세탁을 한 천은 염료를 쉽게 받아들일 것입니다. 호흡은 언제나 나와 함께 있고 새삼스럽게 찾을 필요가 없는 것이므로, 호흡에만 온 마음을 집중하면 이전에 갖고 있던 생각들이 사라지고 다음 단계에서 마음을 모으는 것이 쉬워집니다.

지혜는 깨달음에 목표를 두고,
자비심은 중생을 목표로 삼아야 합니다.

자기만을 소중히 하는 태도는 우리를 늘 조급하게 만듭니다. 자기가 극도로 중요하다고 생각하며, 또 자기가 행복해지고 모든 것이 자기를 위해 잘 돌아가기를 바랍니다. 하지만 어떻게 해야 행복하게 되는지 우리는 모르고 있습니다. 사실 자기를 소중히 여기는 태도에서 나오는 행동만으로는 절대로 행복해질 수 없습니다.

" 백만금의 부와 천만금의 부는 다를 수 있지만, 만족할 수 있는 마음의 부는 평등합니다. "

무언가를 이뤄내야만 그 시간을 성공했다고 얘기할 수 있는 것이 아닙니다. 그저, 그 시간을 갖는다는 자체만으로도, 우리는 너무 많은 것을 얻게 됩니다.

현대 사회는, 학위는 많지만 지혜는 줄었고, 지식은 늘었지만 분별력은 모자랍니다. 전문가들은 늘었지만 더 많은 문제가 생겼으며, 발달된 의약품은 있어도 건강한 이는 드뭅니다. 그 먼 달나라까지 다녀왔지만 담 너머 새 이웃과의 만남은 꺼려하며, 더 많은 정보를 위해 더 나은 컴퓨터를 개발했지만 서로간에 소통은 부족합니다. 창밖(외면)으로는 화려해도 방안(내면)에는 아무것도 가지고 있지 않은 그러한 시대에 우리는 살고 있습니다.

쇠에서 생겨나서 쇠를 갉아먹는 녹처럼 조심
하지 않고 하는 행동은 우리를 부정적인 상태
로 몰고 가서 결국 파괴합니다.

우리는 이 지상의 방문객입니다. 우리는 아주 길어야 아흔 혹은 백여 년을 머무를 수 있을 뿐입니다. 이 짧은 기간 동안, 우리는 이 삶에 좋고 유익한 그 무엇인가를 성취할 수 있도록 노력해야 합니다. 당신이 타인의 행복에 기여할 때 삶의 진정한 목표와 의미를 찾을 수 있을 것입니다.

"평화를 위하며 그저 기도만 하는 것은 현실에 부합하지 않습니다. 실제 우리에게 필요한 것은 평화적 행동입니다."

" 종교가 없더라도 이번 생을 편하게 살 수 있는 것은 가능합니다. 하지만 서로 간에 이타심의 마음이 없으면 누구도 행복해질 수 없습니다. 고통스러울 때나 행복할 때 친구는 언제나 필요한 존재입니다. "

66 모든 것이 남의 탓이라고 생각하면 고통이 많습
니다. 모든 것이 나로부터 생긴다는 것을 이해할
때 평화와 기쁨을 알게 될 것입니다. 99

세상을 포기하는 것은 세상에 대한 그 사람의 '집착'을 포기하는 것을 의미합니다. 세상에서 도피하라는 뜻이 아닙니다. 불교의 궁극적 목표는 다른 사람들을 섬기는 것입니다. 사람들을 섬기려면 사회 안에 머물러 있어야지 사회로부터 고립되어서는 안 됩니다.

"종교의 목적은 웅장한 사원을 짓는 것이 아니라 관용, 너그러움과 사랑 같은 긍정적인 인간의 자질을 육성하는 것입니다."

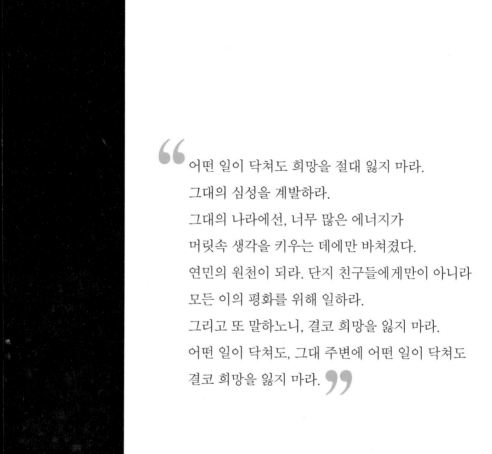

어떤 일이 닥쳐도 희망을 절대 잃지 마라.
그대의 심성을 계발하라.
그대의 나라에선, 너무 많은 에너지가
머릿속 생각을 키우는 데에만 바쳐졌다.
연민의 원천이 되라. 단지 친구들에게만이 아니라
모든 이의 평화를 위해 일하라.
그리고 또 말하노니, 결코 희망을 잃지 마라.
어떤 일이 닥쳐도, 그대 주변에 어떤 일이 닥쳐도
결코 희망을 잃지 마라.

우리 모두는 고통을 바라지 않고 행복을 원합니다. 이를 바탕으로 모든 중생이 고통에서 벗어났으면 하는 마음이 생기고, 나에게 모든 중생이 고통에서 완전히 벗어날 수 있도록 돕겠다는 마음이 생겨야 합니다.

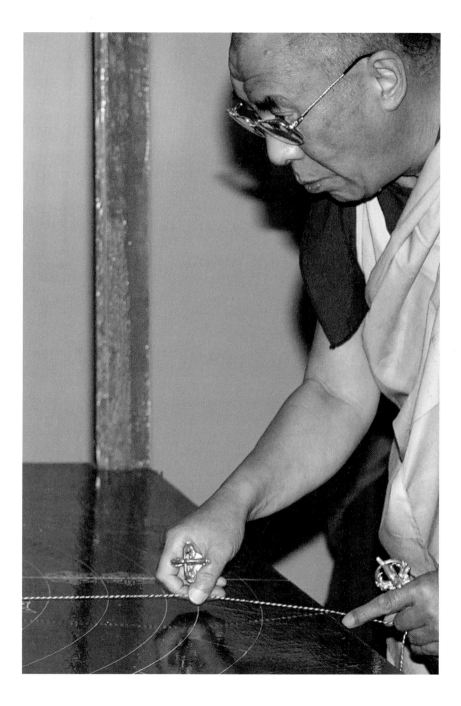

자비와 관용만이 행복의 문을 열어줄 것이며.
순수하게 다른 사람을 돕는 행위는 궁극적으로
자신에게도 평화와 행복을 가져다줄 것입니다.

과학의 발전은 마음공부와 함께 이루어져야 합
니다. 양자 모두 인간의 행복이라는 비슷한 목적
을 가지고 있기 때문입니다. 전자는 도구를 이용
한 실험을 통해서 나아가며, 후자는 내적 경험과
명상을 통해서 나아가고 있습니다.

" 고통을 회피하는 방법은 없습니다. 그것은 우리
의 업에 의한 결과이기 때문입니다. 그러나 속죄
와 반성을 통해 우리는 고苦로부터 벗어날 수 있
습니다. "

우리가 희망을 잃어버린다면 그것이야말로 재
앙입니다. 희망은 평화적이어야 하고, 폭력을
통해서는 이룰 수가 없습니다.

" 당신이 각종 오락거리에 돈을 허비하고 즐거움을 찾는 것에 돈을 쓰며, '아무에게도 피해를 주지 않았으므로 어느 누구도 나를 비난하거나 원망할 수 없다'고 생각할 수도 있습니다. 그러나 그런 행동은 너무나 무의미한 일이며, 당신의 영혼을 방황하게 할 뿐입니다. "

내면의 수행과 외형의 정제는 평행이 이뤄져
야 합니다. 내면과 외면은 서로 보호하기 때문
입니다.

우리 모두는 행복을 얻기 원하고 고통을 피하고 싶어 합니다. 행복을 얻고 우리 자신을 고통으로부터 자유롭게 하는 것은 몸·말·마음의 행에 달려 있습니다. 그 몸과 말의 행 또한 마음에 달려 있기 때문에 마음의 변화를 일으키는 것이 필요합니다. 마음을 변화시키는 방법은 잘못된 마음들이 일어나는 것을 막고, 선한 마음들이 생기고 늘어나게 하는 것입니다.

" 당신이 어떠한 종교를 믿는지는 그다지 중요하지 않습니다. 삶에 대한 신뢰, 그리고 행복한 삶이 중요한 것입니다. 그것이 종교입니다. "

❝ 우리가 수행하지 않는 것이 문제이지, 인간은 한 생에 완전한 깨달음에 도달할 수 있으며, 윤회세 계에서 벗어날 수 있는 조건을 갖추고 있습니다. 모든 장애물로부터 떨어져 있고, 수행하기 좋은 조건을 갖춘 이 귀한 몸을 받았을 때 완전한 경지 에 이르도록 노력해야 합니다. 그렇지 않으면 언 제 다시 이러한 좋은 기회를 또 얻을 수 있을지 모릅니다. ❞

" 상대적 관계를 이루지 말아야 합니다. 상대보다
먼저 선의를 베풀고, 상대보다 먼저 사랑을 보이
십시오. "

"무엇 하나 하지 않으면서, 될 것 같은 혹은 되기를 바라는 마음이 삶을 병들게 합니다."

마음 수련을 하지 않은 사람은 어떤 감정이 떠오르면 그것을 곧바로 좋다 싫다, 우호적이다 적대적이다, 긍정적이다 부정적이다 등등 이분법으로 분류하려 합니다. 반면, 마음을 수련한 사람은 감정을 즉각적으로 분류하려는 본능을 제어하고 현실을 정확히 파악한 다음, 건설적인 해결책을 찾습니다. 그 다음 차분해진 마음으로 바른 결정을 내리려고 노력합니다. 이런 마음 쓰는 과정은 네 단계로 구성되어 있습니다.

1단계 - 사실은 무엇이고, 무엇이 문제인가?

2단계 - 문제의 원인은 무엇인가?

3단계 - 내가 이루고자 하는 것은 무엇인가?

4단계 - 어떻게 하면 그것을 이룰 수 있는가?

" 우리가 다른 사람들에 대한 관심으로 그들의 행복을 더 많이 구할수록, 더 많은 친구를 갖게 되고 더 많은 환영을 받게 될 것입니다. "

내게는 항상 한 가지 꿈이 있습니다. 그 꿈은 우리가 살고 있는 이 세기 안에 인류가 행복한 한 가족을 이루는 것입니다. 이러한 꿈을 이루기 위해서는 우리는 모두가 공통된 인간성을 가지고 있다는 사실을 깨달을 필요가 있습니다.

싫어하는 사람의 일이 잘 안 풀릴 때 우리가 그것을 즐거워하는 이유가 무엇일까요? 그렇게 즐거워하는 것이 그가 처한 현재의 고통을 더 나쁘게 하지도 않으며, 설령 그렇다 하더라도 우리가 그런 것을 바란다는 것은 얼마나 슬픈 일입니까!

육체적 소유와 집착에서 벗어나 가슴에 오롯이
그대를 담아두면, 그대를 존재 그대로 순수하게
바라보며 있는 그대로 사랑할 수 있으니, 내 어찌
이보다 그대를 더 사랑할 수 있겠습니까!

　　　젊음은 아름답습니다. 그것은 솟아나는 생기와
아직 채워지지 않은 자아를 찾는 소중한 시간이
기 때문입니다. 반대로 자아가 필요치 않은 헛것
으로 채워졌을 때 늙어가는 것입니다. 〞

" 신앙, 즉 믿음은 신을 향한 맹목적 믿음이 아닙니다. 종교의 믿음이란 신의 말을 듣고 받아들이기 위함이며, 이는 하나이자 전체, 전체이자 하나인 모든 것의 소리와 마음을 듣고 받아들여 화합을 이루기 위함입니다. "

다른 사람을 대할 때, 그가 나의 부모라고 생각하면 자연스레 존중과 사랑이 생깁니다. 그 역시 분명 누군가의 부모이며, 누군가의 소중한 사람이기 때문입니다.

어떠한 가르침이든 전파되는 시기와 지역적 환경, 스승의 상태를 고려하며 지혜롭게 받아들여야 합니다. 언어를 초월한 가르침에는 늘 방편이 따르기 때문이며, 언어 자체가 초월적 진리를 말할 수 없기 때문입니다.

"선한 말과 행동이야말로 자신을 아름답게 꾸미는 예쁜 옷과 악세사리입니다. "

66 친밀함은 대상이 흐릿하게 보일 정도로 너무 가까이 다가가는 것이 아닙니다. 조금은 떨어져서 대상이 뚜렷하게 보일 수 있도록 유지하는 것이 더욱 성숙한 관계를 유지하게 합니다. 99

진정한 행복이란 단순히 감각적인 기쁨을 의미
하는 것이 아니라, 고통이 두 번 다시 생겨나지
않도록 고통을 뿌리째 없앤 상태, 즉 영원히 계
속되는 행복의 경지를 의미합니다.

후기

티벳 본토에서 약 100킬로미터밖에 떨어져 있지 않는 인도 북부 히말라야 자락의 다람살라에는 티벳임시정부가 있다. 그곳에 자리한 티벳탄 남걀 사원에는 붓다의 가르침을 받기 위해 전 세계에서 많은 사람들이 몰려들며, 달라이 라마 또한 그곳을 기반으로 진리의 법문을 펼치고 계신다.

붓다는 길에서 나서 길에서 열반하셨으며, 관세음보살의 화신인 달라이 라마 역시 길에서 살고 계신다. 달라이 라마는 사랑과 자비, 비폭력을 통한 세계평화를 주장하며, 누구나 공감할 수 있도록 쉬운 언어로 진리를 구하는 사람들의 가슴에 스며든다. 그는 몇몇 동아시아 지역에서의 영향력이나 인지도와는 다르게, 서구 사회에서는 20, 30대 사이에서 가장 존경받는 지도자로 꼽힌다. 종교를 넘어 뛰어난 유머와 뜨거운 가슴, 그리고 보살심을 바탕으로, 노장의 몸을 이끌며 법문을 전하기 위해 일년의 반 이상을 세계를 돌아다니며 가르침을 펴고 계신다.

현재 달라이 라마 '텐진 갸쵸'는 제14대 환생자로서, 티벳인들은 달라이 라마를 관세음보살의 화신으로 여기고 있다. 티벳불교에서는 여러 보살 중에서도 특히 관세음보살과 달라이 라마의 특별한 인연을 발전시켜왔다. 탄트라(밀교) 수행 중에는 자신을 관세음보살로 심상하며, 서원과 만트라를 염송하는 수행방법이 있다.

"모든 중생들의 이익을 위해서 나 자신을 완전한 깨달음에 이르게 하소서."

스스로의 몸을 관세음보살의 몸으로 여기고, 마음을 사랑과 자비, 그리고 지혜로 충만하게 만든다. 우주의 모든 소리는 관세음보살의 진언으로 울리고, 자신과 관세음보살이 합일하여 심장 한가운데서 빛을 내 보살행을 성취한다.

"옴 마니 반메 훔"
"옴 마니 반메 훔"
"옴 마니 반메 훔"

달라이 라마는 언제나 겸손하고 낮은 자세로,

"저는 불교 수행을 하고 있는 한낱 수행승에 불과합니다. 그 이상도 그 이하도 아닙니다. 나의 영적 사명은 내가 어디에 있든 친절과 진정한 형제애, 그리고 진실한 연민의 중요성을 널리 전하는 일입니다. 우주 공간이 지속하는 한, 그리고 생명을 지닌 모든 존재가 머무르는 동안, 그때까지 나도 머무르면서 세상의 불행을 모두 없애게 해주십시오."

라는 서원을 말씀하시며, 검소한 모습에 150루피(한화 2,700원)의 신발을 신고 우리에게 걸어오시는 관세음보살의 화신입니다.

사진작가로서, 또한 불가와 인연 맺은 한 사람으로서, 달라이 라마 곁에서 그의 보살행과 일상의 모습을 사진에 담을 수 있는 큰 행운을 가졌었습니다. 글과 말로는 모두 설명할 수 없었던 장소와 시절, 사람과의 인연을 통해, 사진 촬영이라는 조금은 독특한 방법으로 수행을 해 온 것에는 이유가 있을 것이라 믿어, 제가 보고 들은 것을 나누는 것이 사명이라 여기며 지금 이곳에 남깁니다.

또한 여기에 실린 글들은 달라이 라마께서 세계 각지에서 펼친 법문과 말씀들 중에서, 우리가 다시 한번 돌이켜보고 실천할 수 있기를 바라는 마음을 담아 엮은 것입니다. 달라이 라마는 불교도뿐만이 아니라 모든 세계인이 성숙된 한 '사람'으로 거듭나기를 바라기 때문에, 그의 설법은 언제나 쉽고 직접적이며, 일반적인 용어를 사용하여 사람들에게 메시지를 줍니다. 얼핏 보면 단순하고 모두가 아는 사실이지만, 달라이 라마의 신구의로 정제되어 깊은 감명과 함께 감동을 전해줍니다. 현대사회의 물질적 발전만큼 우리의 정신적 발전이 이루어져야 지금 우리가 가지고 있는 문제들이 해결될 것이라고 말씀하신 것과 같이, 이 글이 사람들의 가슴에 작은 씨앗이 되어 발현되기를 바래봅니다.

아울러, 오랜 시간 달라이 라마 곁에 머물며 그의 모습을 카메라에 담을 수 있게 해준 수많은 인연들과, 달라이 라마의 말씀을 되새기며 이렇게 책으로 엮을 수 있도록 밑거름이 되어준 소중한 인연들에 깊은 감사의 말씀을 전합니다.

2015년 3월
이영자 씀

이영자(아루나)

일본에서 불교대학을 마치고, 인도 델리 대학원에서 티벳불교를
전공했다. 1996년부터 인도 다람살라에서 달라이 라마의 가르침
을 들으며 수행했다.

한국에서 순수예술 사진작가로 활동하던 그녀는 인도에서 사진을
수행의 방편으로 삼아 달라이 라마와 티벳문화, 그리고 티벳탄을
다큐로 찍기 시작했다. 2014년 7월 인도 라닥에서의 '칼라차크라'
법문 사진을 마지막으로 약 20년 동안 간직해 온 사진들을 간추려
엮었다.

한국에서 15년 동안 사진작가로 활동하면서 7회의 개인전과 초대
전을 가졌으며, 작품집으로《바닷소리》(1989),《불생불멸의 인디
아》(1990),《연》(1994),《실크로드누드 사진집》(1999) 등이 있다.

행복하고 행복하고 행복하라

초판 1쇄 발행 2015년 4월 10일 | **초판 3쇄 발행** 2017년 2월 20일
사진 이영자 | **펴낸이** 김시열

펴낸곳 도서출판 운주사

   (02832) 서울시 성북구 동소문로 67-1 성심빌딩 3층

    전화 (02) 926-8361 | 팩스 0505-115-8361

ISBN 978-89-5746-420-5 03220 값 15,000원

http://cafe.daum.net/unjubooks 〈다음카페: 도서출판 운주사〉